cómo observar

la suerte de un *hit*

destino y libertad espiritual

jaime kurt

unas palabras de

México/México

Ficha Bibliográfica.
Jaime Kurt. **La Suerte de un *Hit*.**
México, Bioconciencia, 2012.
32 p. Primera Edición.
Cerca de 3160 palabras escritas.

Todos los Derechos Reservados © 2012 Jaime Kurt.
All Rights Reserved © Copyright 2012 Jaime Kurt.
ISBN 978-607-95505-7-8

Editado por **bioconciencia®**. **bioconciencia** es una Marca Registrada.

Prohibida su reproducción total o parcial.
Ninguna parte de este libro puede ser traducido, reproducido o grabado en ningún sistema. Tampoco puede ser transmitido, copiado, fotocopiado o grabado en ninguna forma, o a través de cualquier medio digital, electrónico, mecánico, y sobre todo, sin autorización previa por escrito del editor.
Primera Edición de Registro: 2012.
Primera Edición Electrónica: 2012.

Registrado en INDAUTOR Instituto Nacional del Derecho de Autor **SEP**

Contactos: www.bioconciencia.net y bioconciencia@live.com.mx

Diseño de Portada: J. Rosenfeld.
Algunas imágenes son cortesía de la **o**besidad espiritual©
y los turistas regresan de nuevo©
Agradecimiento Especial a Hans Rosenfeld por su asesoría en Diseño.
Asimismo a Sandra Cruz Tovar y www.pixland.com.mx.

Impreso en Estados Unidos. Printed in United States of America

Para mi amada esposa Lulú
con quien he tenido la suerte de transitar
por esta vida
¡con amor, fe y alegría!

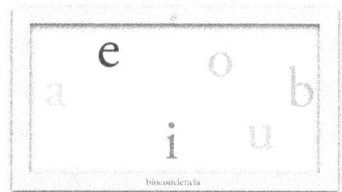

Hola, bienvenido.

El hecho que estés leyendo estas palabras ¿está determinado? ¿es parte de tu destino? ¿es casual?

Desde el punto de vista de espiritualidad, y por mejor decir desde esta tinta, todo es causal. Todo es por algo. Todo tiene un porqué de esencia espiritual. Con una aclaración, existe también la libertad.

Definir los términos suerte, destino y libertad humana no es tarea fácil. Se puede decir algo similar acerca de la relación que existe entre estos conceptos. Pero con ayuda del Creador y con base en nuestro Libro Sagrado se facilita en gran medida. Realmente su explicación y aclaración es un regalo espiritual.

Este texto trata de estos temas.

Del azar, constelación, fortuna, suerte, zodiaco. Destino y **libertad** espiritual. Esta serie de escritos (unas palabras de **bioconciencia**) son un tipo de mini libros con cerca de 2200 palabras de alto contenido espiritual.

Estos mini libros nacen con el deseo de compartir y alentar a mis compañeros de viaje, al estudiante, al

bienvenida

lector actores jugadores concursantes, a acercarse a estos temas esenciales. Son publicados como un complemento a los libros ya publicados o bien como guías simples de acercamiento espiritual. Los escribo con el deseo de compartir lo recibido y anhelando que lo manifestado aquí en letras, palabras y conceptos sean de ayuda práctica para una vida más ligera, más afortunada, más cerca de lo espiritual.

Deseo escribir cosas simples, ejemplos de nuestro mundo cotidiano pues vivimos por fortuna inmersos en un ámbito repleto de destellos divinos, en espera de ser elevados aún más. Empiezo en este texto por el Mundo de la Música, porque es una esfera altamente espiritual. Además de participar en ocasiones activa y profesionalmente en ella desde diversos ángulos.

Deseo que tengas una grata estancia por estas páginas. Sobre todo, que el mayor número de palabras y conceptos te sirvan para una vida buena. Incluyendo las letras extras. Con un poco más de ¡fe, alegría, paz!

Jaime Kurt
México DF 19 de Agosto 2012

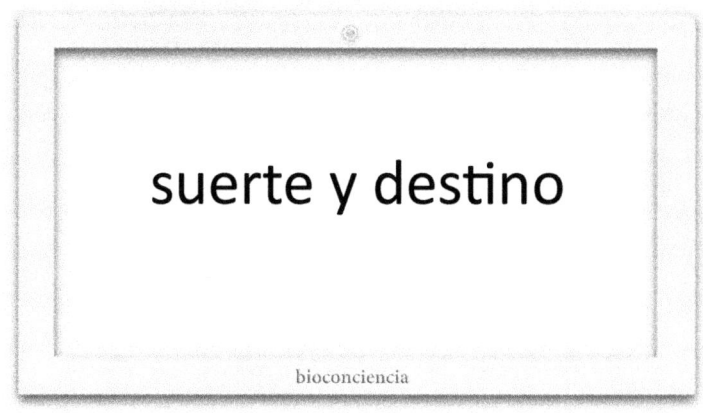

secuencia inicial

o/la fortuna zodiacal y la libertad

para empezar

la suerte de un *hit* | 9

para empezar

Casi todos sabemos lo que en Música y en los Medios principalmente Radio quiere decir un *hit*. Es una pieza musical, una canción que alcanzó tanta aceptación por parte del público que es etiquetada como un éxito. Éxito en Radio, Televisión, Internet, por parte del público experto, fans, simples diletantes, compradores compulsivos, hasta algunos familiares. Un verdadero *hit* es un *hit*.

El término seguramente fue tomado del Béisbol, deporte muy popular en ciertas áreas del Mundo como Osaka, Japón; New York, Estados Unidos; El Quelite-Mazatlán, Sinaloa, México por ejemplo. Cuando el bateador le pega a la dura pelotita de cierta forma y ésta vuela sin ser capturada por los de la manopla del equipo contrario los narradores y público enardecido exclaman: ¡esto es un *hit*!

Una serie de *hits* puede dar lugar a carreras anotadas

y marcadores a favor, realmente motivantes. Así que podemos afirmar con certeza que todos sabemos qué es un hit en Música, Radio y Béisbol.

Para explicarlo aún más, debemos escribir que se trata de un concepto que incluye deseo, preparación, escenario, reglas, logros. La simple traducción de *hit* en el diccionario Inglés-Español es atinar, acertar, dar (en el blanco).

La sugerencia de cualquier persona involucrada en el deporte es conectar un *hit*, pues éste da la oportunidad de lograr carreras, puntos a favor.

Algo similar ocurre en la Música, sobretodo en la música popular. La sugerencia es conectar un *hit*, porque te puede brindar la oportunidad de que tu expresión musical sea aceptada de otra forma, sea más escuchada y así logres comunicarte a un público más extenso.

Acentúo la música popular por que la Música es muy extensa y hay gente dedicada a la esfera musical y su motivación esencial es simplemente interpretar, ejecutar, escuchar, analizar, enseñar dependiendo de su posición personal en el Mundo de la Música. Sin embargo el concepto aquí tratado puede aplicarse a su actividad pues el "éxito" de su especialidad le otorga la etiqueta de *hit*.

Compositores, músicos, directores, cantantes,

productores, violinistas, guitarristas, locutores, ingenieros, promotores, maestros, alumnos, todos ellos sueñan y desean en un nivel conectar un *hit*.

En otro nivel todos los escuchas, fans, público desean estar ligados a ese *hit*. Y lo quieren cantar, tararear, comprar, compartir, regalar, vender, sugerir, recibir. ¿Por qué? ¡Porque es un *hit*!

¿Pero qué ocurre en la escena real del mundo de la música?

O por mejor decir ¿qué ocurre en el mundo del *Hit-Parade*? De las listas, del marketing, de lo famoso. Que no todos pueden conectarlo.

Solamente algunos, no todos.

El *Hit-Parade* solo tiene 10 lugares, tal vez 40. El número de involucrados con la música es superior por mucho.

¿Qué pasa con todos los demás? Simple, que no llegan a esa preciada lista. Igual pasa con la lista de las medallas olímpicas. Solo hay una medalla de oro. Así que la mayoría nos quedamos sin la presea de tan deseado metal. Solo permanecemos y transitamos por el proceso. El llegar a la competencia puede ser un logro personal. El invertir años en la preparación puede ser otro. El ayudar a otros a lograrlo otro. El *hit* tiene niveles y grados.

Y transitar por el proceso es ya muy bueno.

atinar un *hit*

La palabra *hit* en Inglés tiene una lista larga de acepciones. Como ya lo escribimos, en Español al que nos referimos tiene una traducción: Atinar. Acertar. Dar en el blanco.

Pero en la transferencia al Español hay algunas cosas que explicar.

La palabra atinar está más relacionada con el azar, con los juegos.

Atinar es casi un regalo de la ley de las probabilidades.

Mientras que *hit*, a veces se percibe como un resultado casi esperado.

Bueno, el *hit* en el Béisbol se trabaja con: entrenamiento, preparación, estudio, auto-control, vista reflejos, etcétera.

El de la Música requiere inspiración, estudio, ensayo, actuación, experiencia, objetivo. Además de promoción, publicidad, exposición. El *hit* de la música necesita del público. El público es esencial pues para él está dirigido.

En el deporte el público observa el *hit*.

En la música lo avala.

Vemos pues que *hit* y atinar están ligados.

Más de lo que nos podemos imaginar.

Es recomendable en Béisbol no decir frente a un público especializado que el jugador le atinó a la pelota y pegó un *hit*. Se podrían llegar a ofender público y bateador. Pero en confianza y con respeto ¡si es posible afirmarlo!

Atinar en Español es como una aproximación. Si el resultado es favorable es visto como un regalo de la suerte y no tanto de la experiencia del jugador. Más bien es una combinación de ambas.

En Música tengo la impresión que sí podemos afirmar abiertamente y sin sonrojos innecesarios que determinado cantante le atinó a la canción, al éxito y su tema es ya todo un *hit*.

Claro que esto podría malhumorar a ciertos científicos de la Mercadotecnia quienes podrían reclamar todo el crédito de sus fórmulas para obtener todo el aplauso del éxito logrado a la manera de cualquier bateador por emergente que sea.

Atinar también está popularmente relacionado con el lanzamiento de dardo y el blanco en la pared.

Generalmente si el dardo es puesto en el centro del blanco se dice:

"¡Ya le atinó!"

"Ya dió en el blanco".

tv & medios

Para acercarnos más a la esencia de este ligero escrito, recuerdo que en México ha habido una serie de temporadas en Televisión de un programa originalmente de los Estados Unidos, que trata exactamente de eso, de dar en el blanco, de atinarle al precio. Si el concursante se acerca al precio de los productos mostrados, algunas veces puede ganar hasta: … ¡un aauto! ¡un aauuto!

Atinarle a un precio, a una canción, al blanco es muy bueno. Casi siempre hay un premio después de tan afortunada acción y/o de tan consistente preparación y estudio (en el caso deportivo).

Es muy bueno, todos deseamos atinarle pero la realidad del *Hit-Parade* y de las probabilidades indican que la mayoría no lo logramos. O por mejor decir, solo estamos en el proceso de lograrlo. Ya sea una canción, un pelotazo inalcanzable o… ¡un aauto!

Quien lo ha logrado se dice que ya le atinó, o bien ya conectó un *hit*. Necesario recordar que un *hit* necesita otro.

Parece que no hay una palabra famosa que designe al actor de la acción. Tal vez sea: atinado.

Alguien atinado. En sus acciones, en sus palabras, pensamientos.

En sentido opuesto, alguien que no posee este mérito, se le dice en Español: desatinado.

Si atinado viene atinar entonces desatinado viene de desatinar.

Con una connotación más.

Atinado y desatinado están relacionados espiritualmente con una palabra y concepto: destino.

¿Qué es destino?

Y aquí ya arribamos a la esencia espiritual de este ligero escrito.

Pero antes me gustaría compartir unas palabras previas.

Gran parte de la Historia de la Humanidad, sobre todo de hace cerca de 2,400 años hasta hoy se ha visto impregnada, envuelta de las preguntas esenciales: ¿qué es el destino? ¿el hombre es libre? ¿está todo predeterminado? ¿qué es lo que dirige nuestras vidas? ¿cuál es la causa de todas las causas? etcéteras e incógnitas. Las siguientes definiciones de destino y suerte son escritas bajo un marco espiritual de bioconciencia.

Entonces, entremos al siguiente piso.

destino y suerte = *mazal*

hacia arriba

Una definición simple es: destino es el grupo de tareas espirituales pendientes que tiene cada humano así como el entorno emanado.

Las tareas espirituales pendientes son esos rasgos a pulir, las acciones que no se han tomado, los hábitos negativos a transformar.

Otra versión es: destino es el entorno físico astrológico biológico económico educativo escolar espiritual familiar geográfico genético psicológico religioso salud sexual social etcétera que cada humano enfrenta así como las tareas espirituales que ofrece e invita a realizarlas.

Hace cerca de dos mil años la palabra destino estaba unida a otra serie de conceptos: azar, constelación, fortuna, suerte, zodiaco. Todas estas palabras están relacionadas íntimamente relacionadas en un concepto espiritual que originalmente se presenta en Hebreo como: *mazal*.

Este concepto, *mazal*, encierra todos estos enlaces a las

esferas espirituales donde tiene que transitar el alma de los humanos.

De tal suerte (¡sin agraviar la expresión!) que azar, constelación, destino, fortuna, suerte, zodiaco son enlaces todos a un solo concepto. Y éste también está conectado al objetivo espiritual del humano. ¿Cuál es el objetivo espiritual? Realizar las tareas espirituales pendientes.

Esto espiritualmente es un regalo de conocimiento.

Y dicen los Sabios: "Todo depende del *mazal*".

Y aun así agregan: "Pero siempre hay libertad".

Cada humano tiene un *mazal*. Es decir, tiene azar, constelación, destino, fortuna, suerte, zodiaco. Este concepto forma su entorno, su escenario en la vida. Escenario conformado por lo astrológico biológico económico educativo escolar espiritual familiar geográfico genético psicológico religioso salud sexual social etcétera. Escenario que le es brindado por sus papás y el Creador y modificado constantemente por sus acciones

Y en este escenario el humano actúa su libertad. Es decir en este escenario dado, elegimos constantemente lo que creemos es lo más adecuado. Como este ligero escrito trata solamente de unas palabras del aspecto de la suerte, del *hit*, vamos a tratar de finalizar temporalmente.

18 | destino = tareas = objetivo

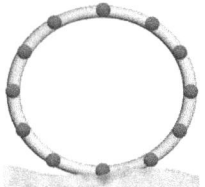

rumbo al objetivo final

bioconciencia

secuencia dos

o/el destino es hacer

20 | destino = tareas = objetivo

la suerte de un *hit*

He escrito todo esto porque cuando una persona no cumple determinada tarea espiritual la cual ha sido sugerida por mucho tiempo, lo que hace es muy parecido a no atinarle 100% al blanco en la pared.

La mayoría de los humanos estamos en un proceso de sugerencia constante de realizar nuestro objetivo espiritual. Nuestras tareas espirituales pendientes.

Pongamos el repetido ejemplo de la alimentación. La dieta. El orden alimenticio. Veamos nuevamente lo ocurrido en la Escena del Jardín donde a *adam* le es sugerido que comer y no comer.

Esta sugerencia primera hubo un momento en que *adam* hombre y mujer no la respetaron más. Y rompieron la dieta. Algunos intérpretes y traductores lo han descrito como pecado, transgresión.

Pero también la Escena del Jardín puede aceptar la noción de que Hombre y Mujer como la mayoría de nosotros no le atinaron a su objetivo espiritual. Palabras que escribo con respeto y seriedad.

Todos nuestros esfuerzos espirituales están encaminados solamente al objetivo espiritual final. Y nuestros errores se parecen más al intento fallido del tirador de dardos quien no logra poner el dardo en el objetivo, al participante de un concurso, al bateador que falla en su oportunidad que al de una humanidad

destino = tareas = objetivo

pecadora, triste, transgresora casi irremediable.

Cuando una persona no cumple con una tarea espiritual, esta acción está muy cerca a los conceptos de atinar, *hit*, acertar. Donde el actor tiene un deseo inmenso de llegar al objetivo. Y en ese momento, se acerca más.

De aquí que los Sabios enfaticen tanto el anhelo por lo espiritual.

Toda la humanidad tiene en posibilidad el deseo de hacer lo adecuado espiritualmente. La humanidad tiene la esencia alegre de conectarse al Creador de todos los Mundos y más.

El más desatinado de los actores humanos tiene el deseo de cumplir su labor espiritual y arribar a la paz siempre anhelada. No hay humano que no desee regresar a ese estado espiritual completo. Lo que ocurre es que no sabe cómo. No encuentra la señal y la forma adecuada, para él, para su alma.

Desde el desatino del hombre y mujer, *adam*, nuestra alma desea el regreso. Desde el regalo espiritual de la **libertad** espiritual se nos ha dado gradualmente el paquete de sugerencias espirituales, a través de los enlaces espirituales de cada biografía personal: **azar, constelación, destino, fortuna, suerte, zodiaco.**

Escrito sea de otra forma, ¿qué son azar, constelación, destino, fortuna, suerte, zodiaco?

la suerte de un *hit* | 23

Son enlaces *links* espirituales para poder conocer y realizar las tareas pendientes. Así como el entorno en el cual se ofrecen.

Cada uno de estos enlaces impregna tu vida con ciertos rasgos. La marcan, la determinan. Estas características personales son los rasgos a trabajar espiritualmente.

Más simple, son tus tareas espirituales. Acciones adecuadas que hay que realizar.

Las tareas espirituales son simplemente las acciones pendientes a tomar, los rasgos en necesidad de pulir y refinamiento, los hábitos negativos a transformar.

Ejemplos: dejar ese alimento que nos hace daño, mejorar nuestra dieta, comer mejor; abandonar esa plática y sus palabras que afectan negativamente, hablar mejor; irnos de ese hábito negativo que por mucho tiempo ha estado interrumpiendo nuestra elevación espiritual, que afectan nuestra vida y la de los prójimos cercanos, transformar nuestras negatividades en lo adecuado espiritualmente.

Espiritualmente la suerte de un *hit* significa también hacer más de lo adecuado. Es una invitación más a realizarlo. Todos tenemos suerte. Y todos tenemos un *hit* que conectar.

Así, la humanidad entera hemos viajado miles de años tratando de cumplir nuestra misión espiritual, tratando de cumplir nuestro objetivo, de retornar. Cumpliendo gradualmente, a la velocidad de la libertad espiritual, la libertad humana. Acercándonos a los momentos importantes anhelados.

Que recibamos el conocimiento de lo adecuado espiritualmente. Que tengamos la fuerza para transformar nuestros hábitos y reparar lo dañado. Que observemos una buena vida.

Que arribemos por la vía de la Sabiduría y el conocimiento, con el menor dolor posible.

A través de la oración, donación, acción.

Con fe y alegría.

Alabando al Creador y Formador del humano, de todo y más.

Dando gracias por tan elevada misión, por la misericordia del tiempo.

acerca del autor

El autor de la **o**besidad espiritual continua escribiendo con ánimo sus temas esenciales.

Jaime Kurt es un profesional de la voz, relacionado con el mundo de las palabras y las letras, muy dedicado al estudio y práctica de la historia y la espiritualidad. Cursó la Licenciatura de Historia y se enfocó especialmente en Israel y el Sagrado Templo de *Jerusalem*. Ha colaborado en diversos medios electrónicos donde generalmente ha sobresalido su cálida comunicación con su auditorio. En Radio y TV, Jaime ha sido voz y conductor de conocidos programas de la Ciudad de México. Su fe, alegría y continua curiosidad científica se ve plasmada en sus amenos textos. Su guión preferido y sugerencia constante es mostrar una Historia Espiritual que sirva al actor humano para acceder a la paz siempre anhelada. Jaime ha sido bien aceptado como autor y promotor de este nuevo concepto de Literatura Espiritual cuyas letras principales es invitar a buscar la esencia de todo y así promover la paz, la tolerancia y la dignidad del ser humano.

información y libros

Algunas personas pueden estar interesadas en adquirir este libro con propósitos educacionales, comerciales para Instituciones en busca de donativos y/o promocionales. Para información, favor de contactar (bioconciencia@live.com.mx) o ventas especiales (ve@bioconciencia.net).

la suerte de un *hit* | 27

los libros de bioconciencia

la obesidadespiritual
la esencia para vivir ligero

los turistas regresan de nuevo
la libertadespiritual

información y libros

vocales y **consonantes**
las letras espirituales

Acude por favor a la página /librosnuevos de bioconciencia.net para conocer los nuevos títulos disponibles, así como los enlaces a las librerías más accesibles.

la suerte de un *hit* es parte de: unas palabras de bioconciencia una serie de escritos cortos, capítulos únicos dedicados a lectores ávidos de leer más de lo espiritual de una forma compacta y simple en su aplicación práctica. Cada escrito de esta serie ronda alrededor de las 2200 palabras.

Suficientes letras, alto contenido espiritual.

{Un adelanto. Hace cerca de dos mil años, suerte, destino y zodiaco estaban unidos en una palabra: *mazal* en Hebreo. Destino es simplemente las tareas espirituales pendientes y su entorno ...}

{De igual manera ocurre con la frase popular: "matrimonio y mortaja del cielo baja". Frase que interpreto como mujer y dinero del cielo bajan. No solamente es un proverbio de la sabiduría popular. Un dicho el cual "¡quién sabe de dónde vino!" El encontrarse con la mujer adecuada espiritualmente y la porción financiera de cada uno de nosotros es un regalo de este concepto: Zodiaco, de la Constelación, la ubicación astral, Suerte, Destino. Y por ende y esencialmente: del Creador. De aquí viene la "suerte" del individuo. Insisto no es una ocurrencia del *folclore* de alguna región. Está registrado por Sabios del Libro de la Formación, del Zohar y del Talmud por citar 3 textos esenciales. La famosa **suerte** es una fina relación personal del individuo con el Creador y las fuerzas espirituales de los astros en el momento de la concepción, nacimiento y hoy. Relación que puede ser elevada, actualizada constantemente. Es muy interesante y bastante seria la disciplina de la Astronomía/Astrología. Puede ocurrir algo similar que con la materia del Proceso del Revivir. La enseñanza y aprendizaje de ambas son de cuidado.}

(**los turistas regresan** de nuevo p.113)

la suerte de un *hit* | 31

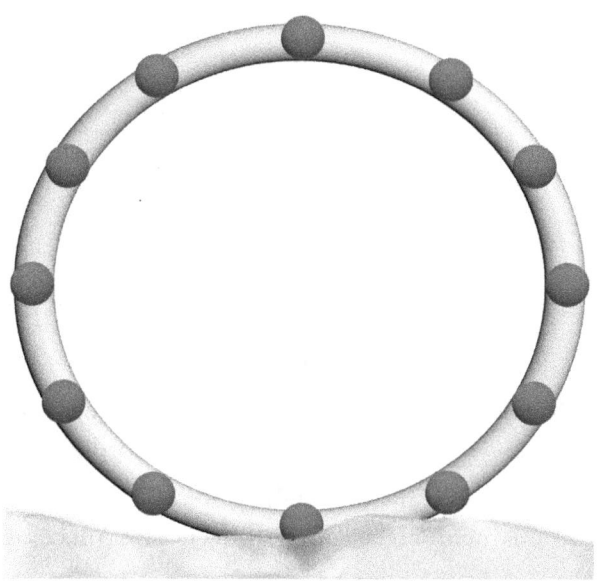

Esta imagen es la Rueda de la Fortuna ©bioconciencia.

Se encuentra originalmente en la contraportada de **los turistas regresan** de nuevo©.

Esta Rueda es el motor por así decirlo, del proceso de vidas pasadas presentes y futuras. En ellas hemos experimentado nuestras vidas. Es donde nos hemos encontrado y trabajado con nuestra suerte, destino, fortuna, azar, constelación, zodiaco. Cada posición de nuestra rueda nos ofrece nuestras tareas espirituales pendientes.

Esta obra se terminó de imprimir en Octubre del 2012 en
    los talleres de **create**space (tm) una empresa de Amazon.

Para la elevación del alma de todos aquellos seres cercanos y queridos por nosotros. Recordar con fe.

Pidiendo el consuelo total. Contemplar el saber que continuamente el Creador de todo, nos da lo necesario.

www.ingramcontent.com/pod-product-compliance
Lightning Source LLC
Chambersburg PA
CBHW061316040426
42444CB00010B/2662